NOTRE-DAME

DE BÉHUARD

ET

SON PÈLERINAGE

NOTICE HISTORIQUE

PAR

M. L'ABBÉ M. DUBREIL

CURÉ DE BÉHUARD

ANGERS

GERMAIN & G. GRASSIN, IMPRIMEURS-LIBRAIRES

40, rue du Cornet et rue Saint-Laud

1893

NOTRE DAME DE
Béhuard
ET SON
PÈLERINAGE
NOTICE
HISTORIQUE
PAR
M. l'Abbé DUBREIL
Curé de Béhuard
IMPRIMERIE GERMAIN & G. GRASSIN, ANGERS

STATUE DE NOTRE-DAME
DONNÉE PAR LOUIS XI
A L'ÉGLISE DE BÉHUARD

APPROBATION

Nous, CHARLES-ÉMILE FREPPEL, par la grâce de Dieu et l'autorité du Saint-Siège apostolique, Évêque d'Angers,

Après avoir pris connaissance de la Notice historique sur Notre-Dame de Béhuard, composée par M. Dubreil, curé de cette paroisse, nous en autorisons l'impression et en recommandons la lecture aux fidèles de notre diocèse, qui y trouveront des détails pleins d'intérêt sur ce célèbre lieu de pèlerinage, en même temps qu'ils pourront y puiser de nouveaux motifs pour redoubler de confiance dans la protection de la Très Sainte Vierge.

Donné à Angers, le 29 août de l'an de grâce 1873.

† CHARLES-ÉMILE,
Évêque d'Angers.

ÉVÊCHÉ

D'ANGERS

—

Angers, le 20 août 1893.

MON CHER MONSIEUR LE CURÉ,

Monseigneur l'Évêque d'Angers renouvelle très volontiers, pour la réimpression de votre *Notice sur Notre-Dame de Béhuard*, l'approbation et la recommandation que vous avait déjà données son illustre prédécesseur, Monseigneur Freppel. Les additions dont vous avez enrichi l'ouvrage primitif le rendront encore plus propre à édifier les fidèles et à conserver la renommée du beau pèlerinage de Béhuard.

Veuillez agréer, Monsieur le Curé, l'expression de mes sentiments dévoués en Notre-Seigneur.

E. GRELLIER,
Vicaire général.

INTRODUCTION

———

Béhuard est une ile charmante qui s'élève au milieu de la Loire à quatorze kilomètres et en aval d'Angers. Sa situation délicieuse au-dessous du confluent de la Maine, entre les coteaux de Rochefort et de Savennières ; ses jolis vallons formés par d'anciens bras de la Loire ; la fertilité extraordinaire de son sol ; ses massifs pleins d'ombre, tout contribue à en faire un des sites les plus attrayants de ce riche pays.

A peine le voyageur qui, parti d'Angers, se dirige sur Nantes, a-t-il dépassé la station des Forges, que son œil rencontre à gauche, parmi les saules, une flèche rustique en ardoise. C'est là que dès les premiers siècles, dit Grandet, et longtemps avant Louis XI, les Angevins allaient révérer la Vierge Mère de Dieu. Là aussi, dès le ve siècle, dans une pieuse concurrence avec plusieurs sanctuaires de la contrée, on commença à célébrer la fête de la Nativité de Marie, dont l'époque avait été révélée à saint Maurille, évêque d'Angers.

Chacun sait que cette fête, dans ses commencements, était si particulière à l'Anjou, qu'on l'avait appelée dans le pays *Notre-Dame l'Angevine*, ou, plus simplement, l'*Angevine*. Cette dénomination n'a pas complètement disparu, et la solennité qu'elle indique est toujours restée chère aux Angevins, comme le prouvent les nombreux pèlerinages dont elle est l'occasion.

Le pèlerinage de Notre-Dame de Béhuard s'offre au point de vue de l'histoire sous trois aspects différents, selon qu'on l'étudie depuis son origine jusqu'au règne de Louis XI, roi de France, pendant la durée de ce règne, et depuis la mort de Louis XI jusqu'à nos jours. Ces trois grandes lignes de démarcation donneront à notre récit une division toute naturelle. Nous parlerons ensuite de la confrérie de Notre-Dame de Béhuard, puis nous décrirons son église et ses curiosités.

ÉGLISE DE BÉHUARD (COTÉ NORD-EST)

D'après une photographie de M. Yvan de la Fleuriaye, membre de la Société
Photographique de Nantes

NOTRE-DAME

DE BÉHUARD

ET

SON PÈLERINAGE

CHAPITRE PREMIER

Notre-Dame de Béhuard, depuis son origine jusqu'à Louis XI.

Plusieurs auteurs se sont évertués à discuter sur l'étymologie de Béhuard ; mais dès lors qu'aucune de leurs données ne paraît certaine, il serait puéril de s'y arrêter. Faisons donc grâce au lecteur de ces élucubrations plus ou moins fictives ; passons à côté du pays des légendes pour entrer en plein dans le domaine de l'histoire. La suite du récit indiquera d'ailleurs l'opinion la plus probable.

Que la dévotion à Notre-Dame de Béhuard remonte au temps de saint Maurille, évêque d'Angers, vers la fin du ivᵉ siècle, c'est ce qu'il serait difficile de contester. Pour cela il faudrait s'élever contre les assertions d'auteurs très sérieux et très réservés en matière de critique historique : il faudrait méconnaître la corrélation des faits et repousser les traditions les plus respectables.

Nous devons dire toutefois, pour nous maintenir sur le terrain de la vérité, que les origines diverses attribuées

par le peuple à cette dévotion ne nous semblent point suf-
fisamment prouvées. Ainsi, pour le retour de la statuette
sur le rocher plusieurs fois miraculeusement arrivé, nous
n'avons rien trouvé qui pût corroborer cette tradition, et il
est fort possible qu'on ait attribué à Béhuard un fait qui
se rapporte à l'origine incontestée de Notre-Dame du Chêne,
près Sablé, ces deux sanctuaires ayant fait partie de l'Anjou
n'étant pas très éloignés l'un de l'autre et possédant le
même vocable. Donc, sans rejeter absolument ces faits, il
serait téméraire, croyons-nous, de se prononcer sur leur
certitude. On ne pourrait pas cependant, sans s'écarter de
la vraisemblance, contester que le saint évêque Maurille,
longtemps curé de Chalonnes, à trois lieues seulement de
Béhuard, n'eût dû répandre autour de lui les fruits de sa
dévotion à la Sainte Vierge et que la roche de cette île
charmante, débarrassée des idoles païennes, n'eût pu recevoir pour nouveau couronnement une statue de Marie.

Ce qui nous confirme dans cette opinion, c'est la similitude des pratiques et observances gardées jadis au pèlerinage de Béhuard et à celui du Marillais dont saint Maurille
était assurément le fondateur.

Quoi qu'il en soit, ce n'est qu'avec le temps que le pèlerinage de Notre-Dame de Béhuard acquit assez d'extension
pour arriver à la célébrité, et c'est au xie siècle seulement
que nous le voyons revendiquer sa place dans l'histoire.

A cette époque il existait, sur l'une des crêtes du rocher,
une toute petite chapelle dans laquelle était vénérée l'image
de la Mère de Dieu. Les vestiges de cet humble sanctuaire
ont complètement disparu, et à la place s'élève maintenant
la sacristie de l'église actuelle bâtie par Louis XI. Quelques
anachorètes étaient venus non loin de là sur le rocher établir leur demeure. On voyait encore, il n'y a pas cinquante
ans, les débris d'une maisonnette appelée la *Moinerie*.

Les choses étaient en cet état, quand, au cours du
xie siècle, Geoffroi Martel, comte d'Anjou, donna en fief à

un pieux chevalier appelé *Buhardus* ou Buhard, deux îles de Loire, dont la réunion forma plus tard celle qui aujourd'hui porte ce nom. L'une se nommait l'île Marie, sans doute à cause du culte de la Sainte Vierge dont elle était le théâtre; l'autre s'appelait la Vacherie. Par cette générosité, le comte avait voulu récompenser les loyaux services de Buhard, et, sans nul doute, il s'acquit de la part de son serviteur reconnaissant une affection profonde.

Geoffroi mourut en 1061, et Buhard, grandement affligé de la mort de son bienfaiteur, afin de soulager son âme par une bonne œuvre, donna ses deux îles à l'abbaye de Saint-Nicolas d'Angers. Il voulait ainsi par là se préparer lui-même au trépas.

L'acte de donation qui nous a été conservé porte qu'en l'une de ces îles était son rocher, sa maison et sa chapelle et en l'autre ses bouquets de bois, les pâturages de ses troupeaux ainsi que ses parcs à poissons. Dans cet acte, il est encore question d'un duit, c'est-à-dire d'un cours d'eau créé par un endiguement spécial, et d'un moulin offert dans l'état où il se trouvait après sa construction.

Cette donation fut confirmée peu de temps après par Anne sa femme, en présence de l'abbé Arrandus. Le territoire qui en était l'objet formait alors trois bordages.

Une autre raison des préférences de Buhardus pour l'abbaye de Saint-Nicolas d'Angers peut se trouver dans ses relations déjà anciennes avec elle. Il en avait obtenu un religieux pour chapelain et en échange il cédait aux moines la moitié de son revenu.

Les nouveaux possesseurs des îles de Buhard songèrent bientôt à donner à leur propriété un développement plus considérable. Ils y parvinrent assez promptement, grâce surtout à la vive affection que leur portait Girard-Folet, prévôt de la ville d'Angers, en 1070. Il y avait alors sur les bras de la Loire, situés dans le voisinage, certains droits perçus par Foulques Réchin, comte d'Anjou et successeur de Geoffroi Martel. Les moines de Saint-Nicolas désiraient vivement se les approprier, et Girard Folet en sollicitait pour eux la cession. Assez longtemps on ne put rien obtenir; Foulques ne voulait d'aucune manière en entendre parler. La Providence vint à leur aide.

Le comte, qui avait mené ses Angevins au siège de La Flèche, y ayant été blessé d'un coup de pied de cheval, se fit reconduire à Angers dans un bateau, en descendant le cours du Loir. Girard était du voyage. D'abord, tout alla pour le mieux; mais devant le village de Corzé, il y eut un terrible moment d'arrêt. Là se trouvait un barrage qui n'était ouvert que par une porte assez étroite dans laquelle il existait un très fort courant. Arrivés en cet endroit périlleux, l'un des mariniers laisse maladroitement échapper sa perche, qui va se mettre en travers de la porte. La barque poussée par le courant sur cet obstacle, incline et va chavirer; l'équipage transi de peur ne sait que faire. Soudain, Girard se jette sur la perche, la brise et, débarrassant ainsi la voie, se sauve avec ses compagnons d'un naufrage certain. Ainsi, grâce à sa présence d'esprit, le passage s'effectua sans accident.

Aussitôt, pénétré de reconnaissance pour un si grand service, Foulques prit une branche de saule, la mit dans les mains de son prévôt et lui accorda, en faveur des religieux de Saint-Nicolas, tout ce qu'il lui avait si longtemps et si vainement demandé.

La propriété de ces religieux s'accrut encore de plusieurs dons qui leur furent faits. Ainsi Foulques le jeune, fils et successeur de Foulques Réchin, pressé par son médecin, le célèbre Jean, qui était en même temps religieux de Saint-Nicolas, les mit en possession d'un bras de Loire dont ils avaient besoin pour augmenter le courant qui faisait tourner leurs moulins. En 1135, d'après M. Quicherat, ils en auraient reçu un autre de Geoffroi Plantagenet qui, non content de leur donner l'eau, y aurait ajouté plusieurs îlots situés du côté de Savennières et qui sont beaucoup moins apparents depuis la construction du chemin de fer. Jean Ier était abbé de Saint-Nicolas quand ils en furent solennellement investis. Dom Housseau parle d'un dernier îlot dont l'aumône leur aurait été faite en 1170 par un chevalier qui s'appelait Mathieu Garault. Cette propriété se trouvait ainsi définitivement constituée lorsque, après son avènement au trône, Richard Cœur-de-Lion la leur confirma le 14 novembre 1189.

Il ne paraît pas qu'à cette époque les religieux aient fait aucun changement au modeste sanctuaire de Béhuard : ils se contentèrent probablement de le conserver dans l'état où ils l'avaient reçu. D'ailleurs, tous les travaux qu'au dire des auteurs contemporains ils firent à ces lieux, leurs moulins, leurs écluses, leurs réservoirs pour le poisson, tout a disparu, et il n'en reste aucune trace.

Dans un trait de la vie du vénérable Sigon, abbé de Saint-Florent, rapporté par Dom Housseau, on parle d'une chapelle dite *de l'écluse de* Saint-Nicolas. Nos historiens modernes l'ont crue différente de celle de Béhuard, en avouant toutefois qu'il était impossible d'indiquer la place où elle se trouvait. Nous croyons qu'elle n'a jamais existé et que, dans le texte latin, il n'est question d'autre chapelle que de celle de Béhuard. Voici d'ailleurs le fait. Nous le rapportons d'autant plus volontiers qu'il tourne à la gloire de la Très Sainte Vierge, invoquée en ce pèlerinage.

L'abbé Sigon, se rendant un jour au Mont-Glonne avec quelques-uns de ses religieux, fut surpris par la nuit non loin de l'embouchure de la Maine, et obligé de s'arrêter dans une île proche de celle de Béhuard et en face de la chapelle de l'écluse Saint-Nicolas. Or, il se trouva que, manquant de provisions, ils n'avaient pas de quoi faire le repas du soir. Ils appelèrent donc un pêcheur qui demeurait sur l'autre rive et achetèrent de lui quelques poissons. Le brave homme voulait repasser immédiatement sur son île, mais le saint abbé l'invita de si bonne grâce à souper avec eux qu'il finit par y consentir. Après le repas, Sigon, qui avait été vivement intéressé par ce qu'avait dit le pêcheur sur ses affaires et sur sa famille, voulut lui donner une nouvelle preuve de bienveillance en ajoutant quelques pièces de monnaie au prix du poisson et le pria en outre d'accepter les restes de leur frugal repas. Celui-ci, fort content, quitte les religieux et s'empresse de retourner vers sa barque. La nuit était devenue très obscure et, en outre, un vent violent agitait les eaux du fleuve. Accoutumé à braver les tempêtes, notre pêcheur saute dans son embarcation et se dirige vers la rive opposée. Mal lui en prit. Le batelet fut bientôt submergé par les vagues. Lui-même n'eut que le temps de jeter quelques cris de détresse et disparut dans l'abîme. Cependant les religieux, pleins d'inquiétude, l'avaient entendu ; mais comment le secourir en cette obscurité complète et par un tel orage ? Ils se mirent en prières et attendirent avec une vive anxiété l'aurore du lendemain. Leurs supplications avaient été exaucées : la Vierge de Béhuard avait sauvé le malheureux qui, sans en avoir conscience, s'était cramponné à l'un des poteaux de l'écluse. C'est là qu'ils le virent dès que le jour parut.

Interrogé sur la manière dont il avait échappé à la mort, il dit qu'étant déjà sous l'eau, le pieux abbé avait écarté avec son manteau les flots qui l'enveloppaient, puis, avec son bâton, le soulevait au-dessus des vagues, la Sainte Vierge voulant sans doute lui faire connaître par là aux prières de qui il devait la vie.

Nous venons d'affirmer que la chapelle dont il est question n'est pas autre que le sanctuaire lui-même de Notre-Dame de Béhuard.

En effet, il passait autrefois au pied même du rocher un bras de Loire qui le séparait de ce qui est devenu la partie antérieure de l'île. Les plis du terrain en montrent encore la direction et les contours. Cette partie antérieure n'était probablement, au temps de Sigon, qu'un ilot qu'il devait naturellement rencontrer le premier en descendant le cours du fleuve. Elle se trouvait près de la roche de Béhuard, *prope rocham Behuerardi*, et, en face de la chapelle de l'écluse Saint-Nicolas, *juxta capellam exclusæ Sancti-Nicolai*, désignation très applicable à la chapelle de Béhuard si l'on place au pied du rocher ou dans son voisinage une des écluses construites par les moines. Les pieux étrangers appellent un pêcheur de Béhuard qui demeurait sur l'autre rive ; mais, d'après notre hypothèse, le bourg de Béhuard, étant comme aujourd'hui derrière la roche, se trouvait parfaitement à portée de la voix, de l'autre côté du lieu en question.

Depuis cette époque (1060) jusqu'à la fin du xiv⁰ siècle, l'histoire se tait sur Béhuard et son sanctuaire. La puissance de Notre-Dame Angevine semble ici sommeiller ; mais ce n'est que pour se manifester bientôt dans un réveil splendide.

Dès le commencement du xv⁰ siècle, la renommée des miracles opérés par l'intercession de Notre-Dame de Béhuard avait franchi les limites de l'Anjou.

Nous lisons, dit l'auteur de *Notre-Dame Angevine*, dans de très vieux registres de ladite chapelle et surtout au bas de certains tableaux qui s'y trouvent comme gages de vœux accomplis, que, dès l'année 1418, il s'y faisait des miracles, et que la Sainte Vierge avait voulu présider en cet endroit à toute la rivière de la Loire, comme une étoile de mer, pour servir de guide et de port assuré à ceux qui se trouveraient en danger de naufrage. Le même auteur, trouvant le narré de ces miracles écrit en des termes simples et au-dessus de tout soupçon de fausseté ou de supposition, en rapporte quatre principaux. Voici deux de ses procès-verbaux que nous donnons textuellement : …. « Le dimanche d'avant la Saint-Pierre et Saint-Paul l'an 1418, vint en voyage dans ladite chapelle Coullée Chauveau, poilier à Saint-Lambert près Saumur ; dit et affirma que lui étant en une petite sentine sur la rivière de Loire près dudit lieu de Saint-Lambert où il pêchait du poisson ; soudainement vint une tempête et telle que ladite sentine et lui effondrèrent en ladite rivière qui était lors grande ; alla trois fois au fond, et à la troisième fois lui vint en mémoire Notre-Dame de Béhuard, et alors se recommanda et voua bien dévotement, et sitôt qu'il eût voué et recommandé, il fut délivré. »

..... « Le vingt-quatrième jour de juin 1443, fut en voyage à ladite chapelle de Béhuard Jahel Cadoret, serviteur de très haut et très excellent roi de Sicile, dit et affirma par son serment que, audit temps qu'il allait par mer de la Calabre à la cité de Naples, et lui et ses compagnons étant en une galère, sourdit soudainement un merveilleux vent et tempête et tellement que ladite galère fut plongée dans l'eau plus d'un quart de lieue, et cuidant véritablement être tous morts audit endroit, vint à se souvenir de Notre-Dame de Béhuard, s'y recommanda bien dévotement, lui promettant que, s'il échappait le danger auquel il était, visiterait ladite chapelle de Béhuard, y ferait son oblation et dire une messe ; et tout incontinent, ledit vent cessa, et fut délivré. »

Les deux autres procès-verbaux relatent des grâces signalées dont furent l'objet, en 1418, Jean Charlesch, d'Angers, conservé sans blessures ainsi que son enfant sous les débris de sa maison écroulée, et, en 1447, Janet Merel, soutenu immobile sur les vagues furieuses près de la vanne d'un moulin jusqu'à ce qu'on pût lui porter secours, ce qui arriva à Andard ; tous ainsi sauvés, après s'être voués à Notre-Dame de Béhuard.

Un jeune Angevin, M. Léon Bellanger, que la mort a prématurément enlevé à son pays, à l'Église et à la science, signale un registre récemment découvert, dans lequel se trouve un document précieux à notre antique pèlerinage.

D'après ce registre, fait pendant l'invasion anglaise, les saufs-conduits, délivrés moyennant finance par les agents du duc de Bedford en 1433 et 1434, prouveraient que la chapelle de Notre-Dame de Béhuard était alors un des lieux saints les plus fréquentés par ceux qui voulaient attendrir le ciel sur la grande misère de la France. L'on y voyait, dit-il, accourir les membres du clergé et les gradués ès-arts, ainsi que ceux en droit canon, en médecine et en théologie.

Ceci se passait avant la naissance de Louis XI (1423) et dans sa première jeunesse. A cette époque déjà Notre-Dame de Béhuard était connue et invoquée au loin.

Il n'est donc pas exact de faire remonter à Louis XI seulement la célébrité du pèlerinage de Béhuard. Ce roi l'a accrue sans doute par l'autorité de ses visites et la valeur de ses bienfaits ; mais il n'en est nullement l'auteur. Au contraire, c'est la renommée de ce sanctuaire qui était parvenue jusqu'à lui, lorsque, âgé seulement de 19 ans et n'étant que dauphin, sans connaître l'Anjou, il se recommandait déjà à Notre-Dame de Béhuard, comme il ressort du fait suivant raconté par lui-même dans un acte daté du Plessis-lès-Tours en 1483.

C'était en 1442, pendant la guerre de Guyenne. Il se rendait avec son père et son oncle à la délivrance de Tartas. Passant par Ruffec, en Angoumois, le jour du Vendredi Saint, ces princes y firent séjour pour prendre part aux solennités chrétiennes qu'on y célébrait. Ils s'étaient même fait confectionner des robes longues pour la circonstance. Ainsi vêtus, il leur prend fantaisie de faire une promenade en bateau sur la Charente. Aussitôt ils montent une embarcation légère ; mais comme ils n'étaient nullement mariniers, ils furent entraînés, malgré leurs efforts, dans le bief d'un moulin. Alors leur batelet tourbillonnant au milieu du remous, finit par chavirer et les précipita tous les trois au fond du gouffre. Dans ce péril, d'autant plus grand que leurs vêtements les mettaient dans l'impossibilité de nager, ils se recommandent à la Vierge de Béhuard, et, soudain, ils sont jetés tous les trois sur un bas-fonds, où ils prennent pied en attendant du secours, persuadés que Notre-Dame Angevine les avait sauvés.

C'est là le premier fait qui, dans l'ordre des dates, soit rapporté de la dévotion de Louis XI à Notre-Dame de Béhuard ; mais, depuis ce moment jusqu'après sa mort, le nom de ce prince est comme le pivot autour duquel tourne l'histoire de notre pèlerinage. Pendant cette période, ceux qui ont écrit sur Béhuard ne nous ont presque conservé que ses faits et gestes.

CHAPITRE II

Notre-Dame de Béhuard sous Louis XI.

Nous sommes arrivés aux jours où la dévotion à la Très Sainte Vierge va prendre vers la Roche Angevine un nouvel élan. Avant d'entrer dans les détails que nous présente cette seconde phase du culte de Notre-Dame de Béhuard, il est bon de jeter un coup d'œil sur l'ensemble de la situation, et d'indiquer le double mouvement qui se produit et dans les pensées de Marie et dans les attraits des âmes fidèles qui viennent l'invoquer.

Ici vont nous apparaître ces ressorts mystérieux, ces forces occultes, cette impulsion latente par lesquels la puissance éternelle se joue de toutes combinaisons humaines. Nous allons voir comment l'incommensurable sagesse pose sur l'échiquier divin ces pièces à première vue si disparates, mais dont le jeu et la marche l'amènent infailliblement à gagner la partie contre l'homme et ses faiblesses, contre l'enfer et sa malice. Nous admirerons cet élan indomptable de miséricorde et de bonté qui, dans les obstacles même qu'il rencontre, trouve de puissants moyens pour arriver à son but, qui sait diriger les courants les plus contraires vers le terme unique de ses prévisions et de ses décrets.

Oh ! si la France avait eu conscience de ce travail divin qui lui préparait tant de splendeurs, que de fautes sociales, que de ruines elle se fût épargnées ! Si, au lieu de s'abaisser à la stérile méditation d'une politique éphémère, elle eût vu dans ces imbroglios de l'ambition personnelle, dans ce choc d'intérêts si opposés, le développement régulier de la pensée divine, comme sous un rayon si pur, elle eût épanoui son intelligence, décuplé sa force, affermi et accru sa prospérité !

Oui, à ces époques tourmentées, en ces jours remplis d'interminables intrigues, Dieu, dans son éternel repos, s'occupe à remanier la carte de l'Europe. Oui, c'est alors qu'il envoie Marie, sa Sainte Mère, sur le monticule de nos vallées angevines. Elle y apportait les jalons que devait planter une main plus habile encore que puissante, pour assigner à notre patrie de nouvelles et plus lointaines frontières.

Que Louis XI ait été franchement pieux ou qu'il ait été fourbe ; qu'il se soit montré rempli de zèle ou dévoré d'ambition, désireux de la gloire de Dieu ou avide du pouvoir personnel, la question n'est pas là. Mais a-t-il été l'exécuteur du plan tracé par le Ciel en faveur de la France ? A-t-il exécuté ce plan sous l'influence de Marie ? Voilà ce qui ne sera jamais douteux pour l'homme et surtout pour le chrétien qui sait lire l'histoire.

Marie devait être la Souveraine et comme la fondatrice de la France ; aussi lui avait-il été donné d'en agréger solidement les diverses parties. Ne voit-on pas dès lors pourquoi elle attirait à ses sanctuaires les hommes les plus particulièrement destinés à lui servir d'instrument ? C'est à ce point de vue qu'il faut savoir apprécier les dévotions, les pèlerinages et les libéralités de Louis XI, si l'on veut demeurer dans le vrai.

Ce roi assurément n'a jamais passé pour un saint, et certains épisodes de sa vie, surtout de sa vie politique, ne sont pas sans tache ; mais la Providence lui avait donné assez de foi et de religion pour qu'il pût accomplir franchement à l'honneur de Dieu les choses bonnes en soi que lui imposait d'autre part le désir d'étendre son règne.

Ainsi la bonne et douce Vierge Marie agissant par Louis XI,

PORTRAIT DE LOUIS XI

D'après un dessin trouvé à la Bibliothèque de l'Évêché d'Angers.

malgré les passions et les faiblesses de ce prince, voilà le résumé et la définition vraie de l'influence qui domine tous les événements que nous allons voir se dérouler sous nos yeux. C'est aussi la cause qui, nous l'espérons, ne sera pas contestée, de l'agrandissement que dut prendre alors la renommée de Notre-Dame de Béhuard.

L'émotion pieuse que produisait la mémoire des miracles qui s'opéraient en ce lieu béni augmentait de jour en jour le concours des fidèles. Mais combien notre sanctuaire ne devint-il pas plus vénérable lorsqu'on vit que la Reine du Ciel ne dédaignait pas d'y accueillir les hommages d'un roi de la terre. Aussi l'étroite chapelle fut bientôt tellement insuffisante qu'il fallut songer à la reconstruire sur de plus vastes proportions. La Sainte Vierge, comme nous le verrons, en inspira la pensée à Louis XI lui-même.

Mais rentrons dans le cours de notre récit.

Il y a toute apparence que le premier pèlerinage de Louis XI à l'île de Béhuard date de sa première tournée en Anjou, après son couronnement en 1462. Ce qui est plus certain, c'est que, huit ans plus tard, il y vint de sa personne et fit à l'humble oratoire une offrande d'argent (46 l. 2 s. 6 d.).

Cette première libéralité semblerait s'expliquer par la reconnaissance que devait naturellement lui inspirer la naissance du dauphin, qui fut depuis Charles VIII. On attribuait en effet dans tout le pays cet heureux événement à la bienveillante intercession de Notre-Dame de Béhuard.

Dix ans après, en 1472, il retourna à Béhuard et y fit même un séjour assez prolongé. Serait-ce à cette occasion qu'il fit bâtir le petit logis dont on voit encore maintenant une ruine précieuse au pied du rocher : rien n'empêche de le croire, et la disposition locale semble favoriser cette opinion. Quoi qu'il en soit, on ne voit pas que la piété fut en cette occurrence le principal motif de sa présence à

Béhuard. Pendant les quinze jours qu'il y passa, il fit différentes excursions en bateau, descendit jusqu'à Saint-Florent-le-Vieil et visita les lieux circonvoisins, tout en s'occupant des affaires de l'État et de la conduite de la guerre.

Nous l'avons déjà dit, ce serait mal connaître Louis XI que d'imputer à la piété toute seule sa prédilection pour l'île de Béhuard. Chez lui, des raisons politiques se mêlaient presque toujours à la dévotion, et cela sans aucune mauvaise foi de sa part. C'est la peinture qu'en fait M. Quicherat, que l'on ne soupçonnera pas, à coup sûr, d'exagération religieuse.

Le troisième pèlerinage de Louis XI à Notre-Dame de Béhuard eut lieu aussitôt après la réunion de l'Anjou au domaine de la couronne, en 1474.

C'est peut-être en reconnaissance de ce grand événement qu'il fit reconstruire la chapelle de Béhuard telle qu'on la voit aujourd'hui ; toutefois les stalles du chœur semblent postérieures de quelques années. Elles paraissent avoir été faites en prévision de la collégiale que, plus tard, il se proposa d'y instituer.

En 1478, Louis XI fit un nouveau pèlerinage à Béhuard à l'occasion, dit-on, d'une épidémie qui sévissait en plusieurs provinces du royaume. On croit que ce fut alors qu'il donna à la chapelle son effigie ainsi que celles de la reine et du dauphin exécutées en cire, de grandeur naturelle. Suivant bientôt ce royal exemple, un seigneur voisin de Béhuard, nommé Saint-Offange, avait placé, à côté de ces *ex-voto* gigantesques, sa propre statue en cire. Tous ces fragiles monuments furent détruits, on ne sait pourquoi, en 1674.

Le dernier voyage fait à Notre-Dame de Béhuard par Louis XI date du mois de mars 1480. Aucune particularité ne nous en a été signalée ; mais assurément il ne fit que

redoubler l'intérêt que ce souverain portait depuis longtemps au vénéré sanctuaire.

Dès l'année suivante, en effet, il conçut et commença à
exécuter un magnifique projet concernant la chapelle de
Béhuard. C'était la création d'un chapitre royal. Voici comment il exprime ses intentions à ce sujet. Dans un acte
donné à Thouars le 20 décembre 1481, il est dit que : « Pour
la grande et singulière dévotion que le roi Louis onzième
a eue à Dieu créateur et à la très glorieuse vierge Marie sa
mère révérée et honorée dans l'église ou chapelle de Notre-
Dame, située et assise en l'île de Béhuard près Angers,
laquelle est membre dépendant de la cure de Denée, il a
depuis peu fondé et doté de nouveau et à perpétuité, en
ladite chapelle, un doyen curé, six chanoines, six vicaires
perpétuels et trois enfants de chœur, pour y dire, célébrer
par chacun jour certains services qu'il avait ordonné être
dits en l'honneur de Dieu et de la glorieuse vierge Marie sa
mère, pour la conservation de sa personne et la prospérité
de son règne et de ses enfants. »

Cette pièce était adressée à messire Guillaume Fournier,
chanoine pénitencier de Saint-Maurice et curé de Denée,
lequel était nommé en même temps doyen ; car le décanat
devait être à la présentation des rois de France.

Afin d'assigner à cette collégiale un revenu convenable
et de pourvoir à son installation, il acheta des moines de
Saint-Nicolas représentés par le frère Pierre Cornilleau,
célérier de l'abbaye, la propriété entière de l'île, et de plus
leur donna en échange la dîme du prieuré de Felines, situé
dans la paroisse de Chenehutte-les-Tuffeaux, estimée valoir
50 livres chaque an.

Il affecta, en outre, à l'entretien de ce grand établisse-
ment les revenus de la seigneurie temporelle de Denée et
les droits de navigation payés aux Ponts-de-Cé, sous le
nom de trépas de la Loire, avec privilège aux chanoines de

percevoir par eux-mêmes ou par des agents de leur choix et exemption de tout contrôle.

Pour mettre le comble à ses faveurs et en mémoire de l'accident de Ruffec, dont nous avons parlé, il rendit, le 20 avril 1483, une ordonnance qui conférait aux chanoines le privilège de gracier, le Vendredi Saint de chaque année, un criminel choisi par eux dans le ressort du duché d'Anjou.

Comme les infirmités dont il souffrait n'enlevaient rien à son activité dévorante, il devança les formalités indispensables pour une constitution régulière. Il termina son acquisition, nomma les chanoines et les mit en possession du trépas de la Loire. Leur doyen, Guillaume Fournier, fit même quelques actes d'autorité et usa une fois, dit-on, du droit de grâce accordé à son chapitre. Il fit bien de se presser ; car bientôt plusieurs causes vinrent mettre à néant cette œuvre inachevée.

Et d'abord les deux chambres des comptes de Paris et d'Angers reculèrent le plus qu'elles purent l'enregistrement du dossier. Ce ne fut qu'au bout de six mois que la première donna son adhésion, en recommandant à la seconde de s'en tenir pour l'exécution au strict nécessaire. Celle-ci n'y fit pas faute et s'ingénia longuement à restreindre les droits des chanoines.

La raison de ces lenteurs, c'est, d'un côté, qu'on commençait à s'inquiéter en voyant les ressources du domaine public affectées à des œuvres privées, et, surtout, qu'il répugnait beaucoup d'abandonner à des particuliers la perception d'un impôt. Ceci n'était déjà plus dans les mœurs du temps.

D'autre part, on espérait que la mort du roi, qui ne pouvait beaucoup tarder, fournirait une occasion de revenir sur ce qui n'aurait pas été consommé. Quant à Louis XI, il s'occupa de ses fondations jusqu'à ses derniers moments. Malgré cela, la bulle apostolique nécessaire à l'érection, dans l'ordre spirituel, ne fut jamais obtenue. Il y avait probablement là quelque ressort secret qui paralysait les efforts du monarque.

Enfin le 29 août 1483 Louis XI mourut, et avec lui mourut aussi le chapitre de Béhuard. On fit si bien valoir auprès de Charles VIII, son fils et son successeur, les prétendus inconvénients de cette œuvre, qu'il consentit à la transformer en un simple bénéfice dont devait jouir le curé de Denée, moyennant certaines observances et prières dont le détail se lit encore dans une inscription gravée sur la muraille de la chapelle, et dont voici la traduction en écriture ordinaire :

Le roy Charles VIII⁰, voulant accomplir les bonnes affections et intentions du feu roi Louis son père, dès le mois d'octobre 1483 a donné, baillé, délaissé et admorti à cette chapelle la terre, fief et appartenances de Denée, qui par ledit feu roi Louis avait été acquise, et, sur ce, fait expédier ses lettres en forme de chartre, par la vérification desquelles les gens des comptes à Paris, ont ordonné être dit et célébré en ladite chapelle par le curé dudit lieu de Denée, ou autre de par lui, le service qui s'ensuit ; c'est à savoir : trois messes basses par chaque semaine de l'an pour l'âme dudit feu roi Louis ; l'une au dimanche, l'autre au samedi, et la tierce messe sur semaine ; et à chacune desdites messes, avant le *Lavabo*, dire un *de profundis* avec les oraisons, accoutumées être dit *pro defunctis*, en faisant prière et commemoracion d'*icelui feu* roi Louis qui tel don et augmentation a fait à ladite chapelle ; et outre à chacune des fêtes solennelles de Notre-Dame qui sont la Conception, Nativité, Annonciation, Purification et Assomption Notre-Dame, dire et célébrer ou faire dire et célébrer en icelle chapelle messe solennelle, à note, diacre et sous-diacre, avec matines et vêpres, et faire suffraige et commémoration pour ledit feu roi Louis et autres rois de France ; et aussi dire et célébrer chacun an en ladite chapelle messe haute, à diacre et sous-diacre, vigiles et recommandations *pro defunctis*, le 29⁰ jour d'août qui est le jour que ledit feu roi alla de vie à trépas ; et avant lesdites messes et services dessus dits, faire sonner et tinter les cloches de ladite chapelle à l'heure de huit heures du matin. Auxquelles charges et services, faire continuer et accomplir perpétuellement, le curé de Denée et son temporel sont tenus et obligés.

Ainsi le curé de Denée ne fut plus menacé de perdre son annexe, et qui, plus est, elle l'enrichit tellement que jusqu'à la Révolution, qui détruisit tout, le revenu de cette cure s'élevait à plus de 10.000 livres.

CHAPITRE III

Notre-Dame de Béhuard depuis Louis XI jusqu'à nos jours

A partir de cette époque, la chapelle de Béhuard va cesser d'occuper le monde politique, mais elle demeurera toujours le rendez-vous des fidèles dévoués à Marie et le théâtre privilégié des faveurs de cette Reine du Ciel. Les miracles s'y multiplieront encore et plus encore peut-être que dans le temps où les gloires terrestres tendaient à la rendre riche et célèbre.

Ainsi vont les choses, sous la très sage main de la divine Providence. La vie de la Sainte Vierge elle-même en est un éclatant exemple. Le temps est-il arrivé pour elle de remplir quelque grande mission au profit de l'humanité, elle s'élève du désert, doucement radieuse comme un astre bienfaisant. Les volontés du ciel sont-elles remplies, elle s'efface et rentre dans l'ombre de son humilité. Mais de même que l'humble violette cachée dans les gazons conserve et répand son parfum le plus exquis, de même aussi le sanctuaire de Marie relégué à un plan inférieur n'en demeurera pas moins le précieux entrepôt dont sortiront, pour le bonheur du pays et des âmes, les riches faveurs que Marie y tient en réserve. Voilà ce que nous attestent les muets témoins de la reconnaissance publique que l'on rencontre à chaque pas en visitant l'église de Notre-Dame de Béhuard.

Un tableau, qui se voyait encore dans cette église, du temps de Grandet, signale un secours miraculeux accordé, en 1550, à huit prêtres et deux mariniers naufrageant sur la Loire en face de Champtocé, et appelant à leur aide Notre-Dame de Béhuard.

Les autres tableaux que l'on voit encore maintenant appendus aux murs de cette chapelle sont également autant d'attestations de grâces reçues et de douleurs consolées. Les vitraux eux-mêmes, qu'on ne doit pas aux libéralités de Louis XI et qui lui sont postérieurs, disent, depuis déjà des siècles, que le riche seigneur, le savant magistrat, le moine pieux et l'humble pêcheur de la Loire se sont réunis dans un concert de vénération et d'amour pour exalter les bontés de celle qui sur ce rocher brillait toujours comme une étoile de salut.

Demeurée simple annexe de Denée, la chapelle de Notre-Dame de Béhuard fut pendant longtemps desservie par des vicaires perpétuels, que le curé de Denée était obligé d'y entretenir. Ils y remplissaient les charges imposées par le bénéfice dont nous avons vu tout à l'heure l'énoncé, et donnaient les secours spirituels au petit nombre de fidèles qui habitaient l'île. Ce nombre a toujours varié entre deux et trois cents.

Ces vicaires percevaient le droit curial ainsi que les dimes; en donnant au curé de Denée 60 livres par an.

C'étaient à peu près les seuls rapports d'administration qu'avaient les curés de Denée avec la chapelle de Béhuard et le service religieux qui s'y accomplissait. Leur négligence pour l'entretien de ce sanctuaire et des bâtiments qui en dépendaient donna lieu à plusieurs procès intentés par les habitants du lieu, qui prétendaient que le possesseur du bénéfice devait aussi supporter les charges. Un d'entre eux cependant, M. de la Porte, semble avoir pris plus d'intérêt à son humble annexe, si l'on en juge par un tableau qu'il avait donné comme le pendant d'un autre offert par M. de Pantigné, l'un de ses parents.

Il en fut autrement des vicaires desservants et des curés

qui leur succédèrent dans l'administration de l'église, de la paroisse et du pèlerinage de Béhuard. Malgré leur position précaire et l'exiguité de leurs ressources, ils firent tout ce qu'ils purent pour la conservation du précieux monument et des objets non moins précieux dont l'avaient doté les royales largesses. L'un d'entre eux surtout, M. le vicaire Maslin, s'appliqua à compléter, selon le goût du temps, son ameublement ainsi que sa décoration, et fit pour cela de très grands sacrifices personnels. A lui était due la chaire en pierre établie près de l'autel sur une excroissance de rocher. Il avait également fait faire les boiseries des autels. Dieu, pour l'honneur de qui il entreprenait toutes ces choses, lui fit la grâce de laisser après lui d'excellents exemples.

Les intérêts spirituels de la petite population, pas plus que ceux du pèlerinage, ne furent aucunement négligés. Ainsi M. Gouppil, nommé depuis chanoine de la Trinité d'Angers, fit donner en 1723, avec un plein succès, une retraite préparatoire aux Pâques. Il s'occupa avec un soin égal des pèlerins, qui venaient toujours en très grand nombre à la chapelle vénérée, et obtint de son évêque plusieurs faveurs pour la fête solennelle du pèlerinage.

Son successeur, trouvant ses fidèles animés d'une très grande ferveur, multiplia les exercices de dévotion et excita grandement les saintes assiduités des pèlerins.

En 1757 sonna pour Notre-Dame de Béhuard l'heure de l'émancipation au spirituel. Cette soumise fillette de Denée, qui n'avait pu jouir des rêves grandioses de Louis XI, devint elle-même paroisse.

C'est à la requête de M. de Pontigny des Ruaults, curé de Denée, que s'opéra cette transformation.

Par le tableau qu'il avait offert à la chapelle de Béhuard, au temps de M. de la Porte, son parent, il avait montré sa piété envers la Sainte Vierge, en ce lieu béni, mais, devenu curé, il se préoccupa surtout de l'intérêt spirituel de cette portion de son troupeau groupée derrière le rocher que couronne le célèbre sanctuaire.

Le cœur du pasteur avait compris combien il lui était difficile de remplir à distance tous les devoirs de sa charge. Car, après tout, c'est lui qui répondait devant Dieu de ces âmes, quel que fût d'ailleurs le zèle et la fidélité des vicaires desservants.

Et puis, pour en approcher, comment parfois franchir les obstacles qui l'en séparaient ? Denée, à cette époque comme aujourd'hui, était séparé de l'île de Béhuard par deux bras de Loire dont l'un très considérable, de plus, les chemins étaient souvent impraticables. Pendant les grandes crues du fleuve on ne pouvait aborder l'île qu'en partant en bateau du bourg même de Denée et en se dirigeant à travers haies, buissons et têtes d'arbres, qui formaient écueils vers la roche de Béhuard, seul point solide au milieu de cette petite mer qui couvre parfois la vallée entière.

Toutefois, la chose n'alla pas de soi ; le digne curé, pour arriver à ses fins, eut à vaincre la résistance des habitants de l'île qui avaient peur que ce nouvel état de choses ne portât atteinte à leurs intérêts matériels.

C'est dans ce sens qu'est conçu le décret que rendit Msr de Vaugirault, évêque d'Angers, érigeant en cure la chapelle de Notre-Dame de Béhuard, succursale de la paroisse de Denée.

Les habitants, dit cet acte, légalement consultés, sont d'avis et consentent à l'érection, à condition qu'en vertu de ce consentement, ils ne seront pas tenus et engagés, ni eux ni leurs biens, à plus qu'ils ne le sont maintenant à l'égard de ladite chapelle, soit par augmentation soit par réfection, réparation, etc.

Ensuite de quoi le seigneur évêque érige la chapelle de Notre-Dame de Béhuard en titre de cure à perpétuité, aux clauses et conditions stipulées dans le présent acte, dont un article portait que le curé de Béhuard ferait tous les ans, à perpétuité, de son église dans celle de Denée, une procession, le dernier dimanche du mois d'août, et que le curé de Denée aurait le droit, une seule fois chaque année, le jour de la Nativité, de dire la grand'messe dans ladite chapelle et d'y faire l'office.

Dans les anciens registres qui, depuis 1600 ont intégralement échappé aux ravages du temps et du vandalisme, c'est le nom de M. Olivier qui, le premier, est suivi de la qualification de curé.

Malgré ce qui s'y passait, au point de vue administratif, Béhuard était toujours une île bénie où la Sainte Vierge se plaisait à manifester sa tendresse. Les captifs, délivrés par l'intercession de Notre-Dame, y apportaient leurs fers qui s'y voient encore. Les malades et les infirmes recouvrant la santé y suspendaient leurs béquilles comme souvenir de reconnaissance. Les malheureux n'y venaient jamais chercher en vain une consolation ni les faibles un secours. Marie donnait, donnait toujours, et on dirait presque qu'elle tenait à donner sans recevoir ; car la situation matérielle du pèlerinage n'était rien moins que brillante.

Quels que fussent les efforts des dignes prêtres chargés de cette desservance, les dons alors étaient rares et peu appropriés aux besoins de la célèbre église ; en sorte que, à part les objets donnés par Louis XI, elle pouvait être regardée comme une des moins riches du pays d'Anjou, et même depuis lors, elle n'a pas eu le bonheur, comme d'autres sanctuaires, de voir affluer vers elle les dons et les largesses. Les minces revenus d'une petite fabrique, augmentés de moins de cent francs l'an par les sous des pèlerins trouvés dans le tronc antique, c'était là jusqu'à nos jours tout son avoir, toutes ses ressources. Cependant, il faut bien le dire, un luminaire toujours abondant brillait devant l'autel de Marie.

3

Tels étaient l'église et le pèlerinage de Notre-Dame de Béhuard lorsqu'éclatèrent les jours sinistres de la Révolution.

A cette époque, de triste mémoire, où l'on faisait table rase de tout ce qui était bon et surtout religieux, le bénéfice de Béhuard fut supprimé, ses propriétés vendues comme biens nationaux, les prières publiques, qui s'y étaient faites constamment pour la France et ses rois, abolies.

Le titulaire de cette modeste desservance eut la faiblesse de faire le serment, pour devenir curé intrus de Rochefort, et fut remplacé par un autre prêtre intrus lui-même. Ce dernier exerça les fonctions sacerdotales au milieu de la petite population ahurie, ou peut-être aussi fascinée par les nouveaux principes, sans être toutefois gâtée quant au fond. La Vierge Marie était là toujours et veillait sur elle.

Cependant les pèlerins avaient déserté le sanctuaire vénéré qui bientôt, comme tous les autres, ferma ses portes sur l'injonction des terroristes.

En ces jours néfastes toutefois, où le vandalisme le disputait à la cruauté, quand de toutes parts on voyait tomber sous la pioche des démolisseurs ou s'écrouler au milieu des flammes les monuments les plus respectables, le sanctuaire de Notre-Dame de Béhuard eut la bonne fortune de demeurer intégral. Quoique ses vitraux, ses lambris, ses objets mobiliers fussent couverts d'emblèmes monarchiques, tout fut respecté, rien ne fut enlevé ou altéré. Bien plus, ce fut alors qu'un heureux hasard vint le mettre en possession de sa chape merveilleuse qui est, sans contredit, l'un des plus beaux morceaux de broderie monumentale qu'on puisse trouver en Anjou. Ce ravissant ornement a été magistralement restauré, il y a quelques années, par de pieuses dames de la ville du Mans et, au dire des connaisseurs, la restauration est peut-être aussi admirable que la confection primitive.

Qui pourrait douter que des faveurs tellement excep-

ÉGLISE DE BÉHUARD (COTÉ SUD)

PENDANT UNE CRUE DE LA LOIRE

D'après une photographie de M. Yvan de la Fleuriaye, membre de la Société
Photographique de Nantes

tionnelles ne fussent dues à la puissante et céleste Gar-
dienne dont la force surpasse celle d'une armée rangée en
bataille !

Avec des temps meilleurs revinrent les pieuses visites
des pèlerins à Notre-Dame de Béhuard. Cependant il faut
avouer que le nombre en fut moins grand que par le passé,
ce qui, après tout, n'était pas particulier à ce pèlerinage.

Et pourtant, depuis 1824, les prêtres zélés qui le desser-
virent ne voulurent rien omettre de ce qui pouvait le
remettre en honneur.

La Sainte Vierge, elle aussi, honorait toujours d'une vive
prédilection sa chapelle vénérée. Sa main puissante ne
s'était pas fermée, et les grâces en tombaient abondantes
sur ceux qui la priaient avec foi.

Assez souvent encore, des lettres qui sont soigneusement
conservées aux archives de la chapelle, nous apprennent
quelque nouvelle faveur obtenue par l'invocation de Notre-
Dame de Béhuard.

Depuis quelques années le nombre des pèlerins s'accroit
graduellement et, pour quelques-uns, la curiosité primitive
a fait place à une piété sincère.

Au reste, à Béhuard n'appartient pas le monopole de
cette attraction nouvelle. Depuis les apparitions de la
Salette, de Lourdes et de Pontmain, un mouvement s'est
produit dans les populations chrétiennes de la France et
d'ailleurs. Tandis qu'en dehors de ce nouvel attrait, une
foule indolente va jeter à la mer ou aux eaux quelconques
son temps, son or et ses ennuis, on voit de vaillantes
colonnes de chrétiens selon l'Évangile lever les yeux vers
les montagnes et courir aux sanctuaires d'où leur foi
attend le secours. Qui n'a rencontré ces trains spéciaux
où la prière et la louange divine se confondent avec les
sifflements de la vapeur ?

Mais tous ne peuvent pas sillonner la France sur ces
chars de feu pour aborder les Alpes ou les Pyrénées.

Emportés quand même par le courant de leur foi et par l'exemple de leurs frères, combien cependant veulent aussi quitter leur demeure, faire trêve un jour à leurs occupations ordinaires et se diriger vers un sanctuaire plus voisin.

C'est dans ces conditions que l'on a vu se ranimer, comme tous les autres pèlerinages angevins, celui de Notre-Dame de Béhuard

Quand, en 1872, on parla du grand pèlerinage national à Lourdes, plusieurs paroisses se rendirent à la roche de Béhuard pour faire écho à ces grandes manifestations de piété à l'égard de Marie Immaculée. Les paroisses d'Épiré et de Bouchemaine ont laissé sur le marbre le souvenir de leur fervente visite.

Mais c'était l'année suivante que le Ciel réservait à la Vierge de Béhuard une glorification plus solennelle.

Mgr Freppel, évêque d'Angers, avec l'éminente perspicacité de son génie, avait compris la situation. Il voyait que ce n'était plus assez pour son diocèse de prendre une part plus ou moins brillante aux pèlerinages de la Salette et de Lourdes. L'Anjou avait aussi ses sanctuaires, tout remplis encore des témoignages de la piété de nos aïeux et des marques de l'intérêt que la Reine du Ciel portait à nos belles et riches contrées. Ces trésors de reconnaissance ne cessaient de s'augmenter par les *ex voto* des pèlerins, offerts en échange de grâces récemment obtenues. Il était ainsi prouvé que Marie n'apportait aucune restriction à ses libéralités bienfaisantes quand on venait l'invoquer avec foi. Il fallait donc ressusciter l'attrait qui, jadis, conduisait les foules à ces lieux bénis. Aussi, après une tentative faite, non sans succès, à la basilique du Puy-Notre-Dame, l'éminent prélat convoqua-t-il son diocèse tout entier autour de la roche célèbre de Béhuard pour le 8 septembre 1873.

Décrire par le menu les splendeurs de cette inoubliable journée serait dépasser les bornes d'une simple notice et jeter dans le plan général une digression qui en altérerait trop profondément l'économie. Contentons-nous de quelques traits qui nous la montreront la plus brillante qui, jusqu'à ce jour, puisse être inscrite dans les fastes du pèlerinage.

La voix du premier Pasteur avait été entendue et, pendant que dans l'île on se livrait avec empressement aux préparatifs de la fête, sur tous les points du diocèse les fidèles prenaient leurs dispositions pour s'y rendre. L'idée de pèlerinage était devenue populaire : les indifférents et les incroyants eux-mêmes subissaient le charme d'une respectueuse curiosité. Aussi quand à Angers, le matin de ce beau jour, les deux bateaux à vapeur, frétés et pavoisés pour la circonstance, démarrèrent du port avec charge complète, ce ne fut sur les quais, déjà pleins de monde, que démonstrations sympathiques. Les mouchoirs s'agitaient, les chapeaux s'enlevaient, les souhaits d'heureux voyage se multipliaient sous toutes les formes. A la gare, on attendait avec impatience le départ des trains qui regorgeaient de pèlerins. Bientôt on roule, on vogue, Bouchemaine passe et fuit en arrière. La Pointe se montre, on arrive au grand fleuve, et là, quel spectacle ! Il est couvert d'embarcations de toutes sortes qui, prestement, entourent les deux paquebots venant d'Angers et leur font cortège. Plus au large on se croise, on se devance, on s'accoste, on descend rapidement vers l'île bénie. Mille voix se mêlent et se répondent dans des chants admirables d'enthousiasme. Elles luttent de puissance avec les signaux aigus des locomotives qui, tout à côté, dévorent l'espace sur la voie ferrée.

Pour les piétons, le passage de la rivière n'est plus un obstacle. Grâce à la bienveillante coopération de ces Messieurs des Ponts-et-Chaussées et des gendarmes, il s'opère dans de grandes barques et offre à tous la sécurité la plus parfaite. A l'heure convenue vingt mille pèlerins, accourus de tous les côtés, foulent le sol de l'île.

Monseigneur vient de quitter le bateau avec une partie de son chapitre : la procession déjà toute formée se rend sous sa présidence à la vaste prairie communale où doit se faire l'office solennel. On y a porté la statue vénérée de Notre-Dame de Béhuard. Le soleil darde ses rayons ardents comme au fort de l'été.

La sainte fonction commence au milieu d'un recueillement profond. Après l'Évangile, la grande voix épiscopale se fait entendre et ravit la multitude. Quelques groupes de curieux se tiennent à distance dans l'attitude la plus correcte. Au moment de l'Élévation, des milliers de tête s'inclinent avec respect et le silence est si parfait que l'on entend sur la rivière les coups de rames des embarcations qui passent les gens attardés.

Dans la soirée, nouvelle réunion. Procession splendide qui se fait en chantant l'office liturgique des vêpres. Belle allocution de M. le vicaire général Chesneau ; salut solennel et report à l'église de la statue vénérée. La foule encore plus compacte que le matin, se retire enchantée. Elle aborde le sanctuaire béni, mais il faut faire queue pour y pénétrer et on peut à peine le traverser en y passant rapidement. Il est 5 heures, tout le monde songe à quitter l'île sous les premières gouttes de la pluie qui commence à tomber.

Ainsi se termina cette mémorable journée. Elle donna au pèlerinage de Notre-Dame de Béhuard un relief qui le rendit de plus en plus célèbre et en redoubla les attraits.

Dès le 28 mai suivant la paroisse de Bouchemaine se présentait nombreuse pour offrir à la madone de Béhuard ses hommages printaniers. Le zélé pasteur qui la desservait alors prit la parole et, dans une de ces improvisations dont il avait le secret, il chanta avec éloquence les grandeurs de Marie et redit brillamment la reconnaissance de ses paroissiens envers celle que notre éminent évêque avait proclamée la surveillante et la protectrice de nos vallées.

On dit qu'il n'y a pas de belle fête sans lendemain, il faut dire aussi qu'il n'y a pas de beau pèlerinage sans anniversaire. Ce qui se passe à Béhuard le 8 septembre 1874 confirme pleinement cet adage.

Mgr Freppel tenait beaucoup à raviver le souvenir de la grande fête. Il savait que dans l'esprit humain, si porté au changement et à la légèreté, les impressions même profondes s'effacent vite, et qu'il faut, pour les garder, souvent les faire revivre. Dans ce but, il invita MM. les Curés voisins qui le pourraient, ainsi que leurs fidèles, à prendre part à cette nouvelle solennité. Il les dispensa de chanter les vêpres dans leurs églises en leur recommandant de le faire pendant le trajet qui les séparait du sanctuaire, car c'était dans la soirée que devait avoir lieu l'exercice commémoratif. Il consistait dans le chant de l'office devant la statue vénérée, et dans une procession à laquelle tous les pèlerins devaient prendre part et qui aurait pour complément un salut solennel. Le matin, un excellent discours avait été prononcé en l'honneur de la sainte Vierge devant les pèlerins déjà nombreux arrivés dès le commencement de la journée. M. Louis Levoyer, ancien supérieur du collège de Combrée et chanoine honoraire, avait bien voulu se charger de la présidence de cette solennité.

Le 29 juin de l'année suivante (1875) devra faire époque dans les Annales de Béhuard.

C'est tout un pèlerinage cantonal qui, ce jour-là, venait prier à son sanctuaire.

La paroisse de Gennes, dans le Saumurois, possédait alors pour curé M. l'abbé Thomas qui, par ses vertus et son zèle éclairé, ne le cédait à aucun autre. Ce digne prêtre conçut le projet d'amener son canton à faire une éclatante protestation de foi et de piété. Il choisit à cet effet un pèlerinage à Notre-Dame de Béhuard. Après de sages réflexions et avec tous les renseignements utiles, il communiqua son idée à ses confrères, qui tous l'accueillirent avec le plus louable empressement.

Bientôt un groupe considérable de pèlerins fut organisé et se tint prêt à partir. Quant au transport, il fut convenu qu'il se ferait par eau. Il y avait alors à Angers un grand bateau à vapeur qui faisait le service à volonté ; il fut naturellement demandé et fretté pour la circonstance. Le patron, angevin lui-même et homme de goût, l'avait brillamment pavoisé.

Le jour indiqué, dès six heures du matin, la magnifique embarcation se présentait devant Gennes. De nombreux pèlerins, venus de toutes les paroisses environnantes, se hâtaient d'y prendre place et, à mesure que l'on descendait le beau fleuve, de nouveaux groupes se joignaient aux premiers. On avait à peine atteint les limites cantonales que les vastes flancs du paquebot étaient littéralement bondés et son pont couvert de monde. La jeune musique de Saint-Georges-des-Sept-Voies occupait l'avant. En amont des Ponts-de-Cé, bien des étrangers au canton de Gennes avaient espéré trouver place, et de la rive on faisait des signaux pour inviter le bateau à stopper. Impossible, tout était plein ; les palettes continuaient leur battement régulier et l'on descendait rapidement le fleuve.

A huit heures et demie on était en vue de l'île bénie, et la fanfare commençait à envoyer à Notre-Dame de Béhuard ses plus harmonieuses salutations. Soudain l'on arrive à l'escale et le débarquement s'opère. C'est assez long, ils sont plus de sept cents. Comment loger tout ce monde dans l'enceinte de l'étroite chapelle ? D'abord on avait bien songé à un office en plein air, et le temps l'aurait permis, mais des difficultés administratives faisaient obstacle à ce projet. Alors on se détermina à partager le pèlerinage en deux sections, qui eurent dans le sanctuaire lui-même chacune leurs offices ; mais auparavant la foule massée sur la place devant le presbytère avait écouté avec un religieux silence la chaude parole du père Norbert, capucin, qui lui souhaitait la bienvenue : elle devait l'entendre encore dans la soirée.

Inutile de dire que tout se passa dans le plus grand ordre, quand on saura que le caractère dominant de ce beau pèlerinage dénotait la foi la plus profonde et la piété la mieux entendue. Tout y fut édifiant et détruisit nombre d'idées préconçues relativement à la situation religieuse du pays qu'habitaient ces vaillants pèlerins.

Les offices du soir furent suivis comme ceux du matin, mais à 3 heures il fallut aviser au départ. Cette foule docile remplit de nouveau son petit navire et reprit sa route aux chants superbes du *Magnificat*.

On nous a dit que pendant le retour les populations riveraines se portaient sur le rivage et acclamaient de leurs applaudissements les plus sympathiques le bateau qui remontait joyeusement. Un bourg se servit même de ses cloches pour lui envoyer de plus loin ses chaleureuses félicitations.

Quand est-ce que nous verrons plus souvent des chrétiens de cette trempe donner de pareils exemples et porter aussi loin qu'ils le firent le respect des propriétés d'autrui et le culte de l'indépendance chrétienne.

L'année 1876 donna au sanctuaire de Notre-Dame de Béhuard plusieurs pèlerinages remarquables. Le 5 juin deux pèlerinages se rencontrèrent et se réunirent en ce lieu béni. Le premier, très nombreux, venait dès le matin à pied de la paroisse de Chaudefonds, distante de plus de deux lieues et demie de l'île de Béhuard. Ces braves pèlerins, malgré les menaces d'un temps incertain, avaient quitté leur demeure et parcouru en priant l'espace relativement considérable qui les séparait de l'île célèbre. Les pentes abruptes de leur hauts coteaux n'avaient pas ralenti leur ardeur et, dès huit heures du matin, ils paraissaient sur le rivage de la Loire, qu'il fallait alors traverser en barque. Plusieurs bateaux furent mis à leur disposition. En voguant sur les flots un peu agités, leurs fortes et belles voix saluaient déjà par le chant de l'*Ave Maris stella* la vierge qu'ils venaient invoquer avec tant de ferveur. Puis, agenouillés sur les dalles du temple rustique, ils continuèrent dans de splendides offices la démonstration de piété dont ils venaient déjà d'édifier le pays. Un pieux artiste était venu relever par l'éclat de son talent les cérémonies de cette belle fête. Mais voici qu'à l'heure de midi un autre groupe arrive d'une direction opposée. C'était une phalange nombreuse de pensionnaires de Sainte-Marie d'Angers que le chemin de fer venait de verser sur nos rivages. Leurs Sœurs dévouées à leur tête, ces jeunes chrétiennes abordèrent à leur tour la chapelle bénie ; mais, y trouvant d'autres fidèles animés de la même foi, elles s'unirent à eux, les offices de la soirée devinrent communs et pour tous la journée fut belle, bonne et sainte.

Le 8 septembre de cette même année 1876 vit affluer au pèlerinage les paroisses de La Possonnière, Savennières, Épiré, Rochefort et Bouchemaine, qui purent encore recueillir la parole facile et éloquente du curé de cette dernière paroisse. L'année 1877 se passa sans incidents remarquables. Plusieurs paroisses commencèrent à choisir un des jours de l'octave de la Nativité pour apporter à la vierge de Béhuard leur hommage annuel, et longtemps elles ont été fidèles à cette pratique.

Le 12 avril 1878 vint à Béhuard un beau pèlerinage de la paroisse de Notre-Dame d'Angers conduit par son excellent curé M. l'abbé Guignard. La piété dont chacun fit preuve démontrait avec évidence que ce n'était pas un repos à la campagne qu'on était venu chercher, mais un hommage bien sincère qu'on avait voulu présenter à Notre-Dame l'Angevine.

En 1880, le lundi de la Pentecôte, plusieurs messes furent célébrées à Notre-Dame de Béhuard. A la grand-messe assistait un pèlerinage.

Le dimanche 24 septembre 1882 la paroisse de Montjean envoie à Notre-Dame de Béhuard deux cents pèlerins qui viennent y chanter les vêpres et y faire une belle procession suivie du salut.

L'année 1884 se distingua par un triduum qui fut ordonné comme préparation à la fête de la Nativité. Il fut très suivi et le jour de la fête fut choisi par la paroisse de La Possonnière pour son pèlerinage annuel. Trois jours plus tard, suivant sa pieuse habitude, la paroisse de Denée venait à son tour honorer Notre-Dame de Béhuard.

L'année 1885 a laissé au béni sanctuaire un souvenir qui, nous l'espérons, lui sera longtemps conservé.

De la sonnerie dont il est parlé dans l'inscription gravée sur le mur de la chapelle, il ne restait qu'une toute petite cloche donnée par Louis XI au xve siècle dont elle porte le cachet. Sa sonorité assez médiocre était très insuffisante pour le service qu'elle avait à faire. Aussi en 1849, une bonne famille des Lambardières, petit village en face de Béhuard, lui donna-t-elle généreusement une compagne plus forte mais dont la voix couvrait entièrement la sienne.

Cet état de choses n'était rien moins que brillant quand, en 1885, un pèlerin dévoué à la Vierge Angevine, M. l'abbé Charles Maugin, offrit une cloche qui devait s'accorder avec la plus grosse des deux autres. A cette occasion M. le curé de Béhuard, qui n'était pas étranger à l'art campanaire, dressa le plan d'une petite sonnerie de quatre cloches pouvant manœuvrer dans l'étroit clocher qui surmonte l'église, et en confia l'exécution à un habile fondeur.

La bénédiction de ces cloches fut faite solennellement par Mgr Chesneau, vicaire général du diocèse, assisté de M. le chanoine Faucheux, qui célébra la messe.

M. Maugin avait voulu composer lui-même en latin les inscriptions de la cloche qu'il donnait. En voici le texte :

Omni die dic Mariæ
Parva, landes, campana
Ejus festa, ejus gesta
Sona suavissima

M. le Curé de Béhuard de son côté fit pour la plus grosse le quatrain suivant :

De mes petites sœurs je soutiens l'harmonie
Avec elles ma voix portera jusqu'aux cieux,
Dans l'hymne aérien d'un carillon pieux,
Notre-Dame Angevine et sa roche bénie.

Il mit également sur la plus petite des cloches cet autre quatrain :

Notre-Dame Angevine, à vous mon humble note,
De mes trois grandes sœurs je complète l'accord ;
En quinte avec Marie, en quarte avec Charlotte,
En tierce avec Joseph résonne ici mon bord.

Depuis lors ces quatre petits oiseaux de bronze babillent à leur aise dans le rustique clocher et forment un carillon du meilleur effet.

A partir de cette époque, rien au sanctuaire de Notre-Dame de Béhuard n'a paru mériter une mention spéciale. Beaucoup de pèlerinages s'y sont rendus et, au nombre des paroisses qui y ont apporté à Notre-Dame Angevine leur tribut d'hommages, nous sommes heureux de compter Cholet, Beaufort, le Lion-d'Angers, Pouancé, Chalonnes, Vihiers, Le May, Trémentines, Feneu, Ingrandes, etc.

Les établissements scolaires d'Angers ont également fourni leur pieux contingent. Il n'est presque pas d'année où quelques-uns ne viennent y consacrer leurs jours de délassement. Nous ne pouvons oublier, par exemple, que c'est à la chapelle de Béhuard que la jeune Université catholique d'Angers a voulu faire son premier pèlerinage et comme autrefois proclamer Notre-Dame Angevine protectrice des études, reine de la science.

Signalons aussi deux très pieux pèlerinages faits par les élèves de l'institution Saint-Joseph d'Ancenis.

Les Sociétés de bienfaisance et les Cercles catholiques d'Angers ont également fourni au pèlerinage de Béhuard leur fervent contingent. En tête se place la Société de ces messieurs de Saint-Vincent-de-Paul qui, sous la présidence de M. Victor Pavie, délégua vers notre madone angevine les plus distingués de ses membres.

Depuis la construction du pont qui met l'ile de Béhuard en communication facile avec la terre ferme, les visites au sanctuaire sont beaucoup plus nombreuses. Dans toutes les saisons on y vient prier, et il se passe peu de jours sans qu'on y rencontre quelques pieux pèlerins.

Nous n'avons pas à nous occuper ici des curieux et des touristes qui sont de plus en plus attirés dans cette ile par la célébrité du lieu.

Ce qu'il nous importe de constater c'est l'heureux changement qui s'opère dans le caractère du grand pèlerinage annuel le 8 septembre. Autrefois il offrait un mélange de curiosité et de piété réelle. On y découvrait même quelques pratiques tant soit peu superstitieuses accolées à une dévotion sincère. Le besoin de distraction, les habitudes plus ou moins routinières faisaient concurrence à la véritable attraction religieuse. Maintenant il devient surtout le rendez-vous des vrais fidèles, dont le nombre est toujours croissant. Les grandes familles de la contrée, dans lesquelles se conservent les traditions chrétiennes, aiment à s'y rencontrer et y donnent l'exemple d'une sagesse et d'un sérieux qui ne peuvent être que les fruits de leur foi. Elles ne rougissent plus de prendre part aux cérémonies sacrées et par leur excellente tenue contribuent beaucoup à l'édification générale.

Depuis une vingtaine d'années la récitation des évangiles, pratique sainte qui se retrouve dans tous nos pèlerinages d'Anjou, avait notablement décru. Elle semble maintenant reprendre faveur et le pèlerin mieux éclairé vient plus volontiers soumettre son âme aux bienfaisantes influences de la parole divine.

Espérons que la lumière se fera de plus en plus dans les esprits et que les vrais serviteurs de Notre-Dame l'Angevine trouveront toujours à son pèlerinage, avec un redoublement de fidélité envers Dieu, une paix et une joie qui ne seront que le prélude de récompenses plus amples et plus durables.

CHAPITRE IV.

Confrérie de Notre-Dame de Béhuard.

Dans les temps antiques, comme plus tard, le culte de Notre-Dame Angevine à Béhuard fut exactement calqué sur celui de Notre-Dame Angevine du Marillais. Concours semblable des fidèles à la fête de l'Angevine, mêmes solennités, mêmes observances, mêmes résultats. En pouvait-il être autrement ? Les œuvres d'un même saint se ressemblent comme les enfants d'un même père. Ici comme là on reconnaît la main de saint Maurille.

Voilà pourquoi à la suite de très graves auteurs, nous avons avancé, au commencement de notre travail, que ces dévotions à Marie étaient contemporaines. Parmi les traits de similitude qu'elles nous offrent, il en est un surtout qui semble leur imprimer un cachet particulier. C'est l'existence d'une confrérie. Confrérie ! Que de choses nous apprend ce mot ! N'est-il pas le résumé de tout culte religieux sagement entendu et sérieusement pratiqué ?

Tu aimeras le Seigneur ton Dieu de tout ton cœur, de toute ton âme et de toute tes forces, dit l'Esprit-Saint ; puis il ajoute : *et ton prochain comme toi-même.*

Le créateur n'a jamais voulu désunir ces deux grands préceptes ; l'un est le complément et la conséquence de l'autre.

Aussi, dans nos grandes fêtes chrétiennes, après l'association dans l'amour, vient l'association dans les intérêts ; mais toutes les deux sont inséparables. Telle est en deux mots l'histoire de tous les ordres religieux qui ont donné au ciel un si grand nombre de saints, et de toutes les congrégations pieuse approuvées par l'Église pour la conservation de la foi et l'épuration des mœurs. C'est là également ce qui distingue nos confréries des sociétés mercantiles du siècle et des conventions intéressées de l'ambition ou de la politique. L'esprit du mal, sous des prétextes différents, a cent fois cherché à copier nos confréries chrétiennes ; mais il n'est jamais résulté de ses efforts qu'un amalgame incohérent et incapable de défier les ravages du temps. Et encore lui faut-il souvent l'ombre et le mystère pour cacher ses pratiques ridicules ou odieuses.

Quant à nous, chrétiens, c'est au grand jour que nous osons former nos pactes d'union, et le plus ordinairement ils prennent naissance dans un des actes les plus ostensibles de notre vie spirituelle. Ainsi le concours nombreux des fidèles à Notre-Dame de Béhuard fut l'origine et le berceau de sa confrérie.

Bientôt les pèlerins de la fête angevine trouvèrent que c'était trop peu de s'unir quelques heures pour offrir leurs hommages à Marie sur sa roche sacrée ; ils cherchèrent un moyen de continuer et de perpétuer cette douce union. Le moyen qui s'offrit à eux, c'était la confrérie, et, dès lors, la confrérie exista. On ne saurait dire avec quel zèle les fidèles d'autrefois allaient s'y enrôler. Une pensée commune, à laquelle venait se joindre une légère aumône annuelle, telles étaient les faciles ressources qui leur procuraient l'avantage de cette salutaire permanence au sanctuaire vénéré. Presque chaque jour, en effet, ils offraient, par leurs humbles cotisations, le sacrifice divin sur l'autel de la chapelle.

De même qu'aux grands jours du pèlerinage, tous les rangs étaient confondus dans l'enceinte trop étroite du temple sacré, de même aussi tous les noms se mêlaient et se côtoyaient sur la liste bénie de la confrérie. Le pauvre et le riche, l'ignorant et le savant, l'enfant et le vieillard, tous y avaient le même droit. On ne trouvait là ni maîtres, ni serviteurs, ni dirigeants, ni dirigés, ni prêtres, ni laïcs ; il n'y avait que des frères : parlons d'une façon plus significative encore : il n'y avait que des confrères. Et qu'est-ce à dire ? des frères isolés par les occupations et le genre de vie ? des frères séparés par les lieux et les distances ? Non, mais des frères agissant les uns avec les autres *(fratres cum)*, des frères priant ensemble, aimant ensemble, se sanctifiant ensemble. C'est ainsi que la piété chrétienne sait exclure toute idée de séparation.

Il en est une pourtant, grande, cruelle, terrible, que l'homme est obligé de subir au moment tant redouté où le Maître de la vie vient le retrancher du nombre des vivants. Cet obstacle, quelque invincible qu'il paraisse, va s'évanouir encore au contact de la sainte charité des confrères. Ils poursuivent leur mutuelle assistance par delà les limites de la vie. Leurs prières, leurs bonnes œuvres, le sacrifice des autels offert à la faveur de leurs aumônes, iront ouvrir à ces âmes, qui n'ont point cessé d'être leurs sœurs, les portes de leur prison expiatoire.

Dans les statuts de la confrérie de Notre-Dame de Béhuard, il est porté : que toutes les messes dites avec les fonds de l'œuvre bénéficieront à tous les confrères vivants ou morts ; que, de plus, lorsqu'un confrère vient à mourir, il a droit à un service particulier dans le sanctuaire même de Béhuard.

Pour jouir de tous ces droits, il suffit de verser chaque année dans la caisse commune la modique somme de vingt-cinq centimes, et cela pendant le mois de Notre-Dame Angevine.

Les anciens habitants de Béhuard nous ont dit maintes fois qu'il y a un demi-siècle l'affluence des confrères était tellement grande aux jours solennels du pèlerinage, c'est-à-dire le jour de la Nativité et le dimanche dans l'octave de cette fête, qu'une personne était constamment occupée à enregistrer les noms et à recueillir les cotisations.

Cette institution sainte existe toujours à Notre-Dame de Béhuard, et même depuis quelques années elle a pris un nouvel accroissement.

Autrefois, le lendemain des fêtes de l'Angevine, on faisait un service pour les défunts de la confrérie. Ce pieux usage est tombé en désuétude, on ne sait pourquoi ; mais nous espérons qu'il sera bientôt rétabli.

En cas de décès d'un confrère, la famille, ou d'autres personnes dignes de foi, en donnent avis à M. le curé de Béhuard, et le service dont nous avons parlé est célébré dans le plus bref délai.

O sainte confraternité chrétienne, puisse ton doux règne s'étendre de plus en plus ! Puisses-tu reléguer loin de ce mortel séjour les orgueils et les dissensions qui nous ruinent, détruire à jamais les partis et les opinions qui nous divisent et unir par la chaine indestructible du pur amour tous les membres de la famille de Jésus-Christ. Puisses-tu les grouper, plus compacts que jamais, autour de son représentant sur la terre, et de tous ceux que, dans son infaillible sagesse, il délègue vers nous pour le salut de nos âmes.

CHAPITRE V

Description de l'église de Notre-Dame de Béhuard et des objets précieux qu'elle possède.

C'est sur un rocher de quartz siliceux qu'est assis le sanctuaire de Notre-Dame de Béhuard.

Cette roche se dresse isolée au milieu de l'île dont elle est comme le noyau, et donne au petit temple rustique qui la couronne l'aspect le plus pittoresque.

Rien n'égale l'harmonieuse originalité de cette antique construction. Aussi est-ce une des curiosités les plus attrayantes et les plus visitées du pays d'Anjou.

Elle se compose de deux nefs dont la première prend une direction parallèle au rocher sur lequel elle s'appuie, et qui, dans plusieurs endroits, lui sert de muraille. En sa partie nord et jusque vers le milieu, les saillies du rocher, s'offrant comme support, ont donné l'idée d'élever à mi-hauteur une tribune, qui a longtemps servi de chœur à l'église et dans laquelle Louis XI avait fait placer des stalles fort belles. C'est à la partie opposée que se trouve le sanctuaire. Les combles de cette nef sont en bois et forment un berceau ogival avec entraits et poinçons apparents dans le goût du xve siècle. Les ais qui formaient ce lambris ont été remplacés en 1777, suivant une inscription qui s'y trouve. Ce nouveau lambris étant en sapin du pays s'est promptement vermoulu et, il y a quelques années, on a été obligé de le refaire en entier.

Le clocher situé sur cette partie de l'église est beaucoup plus moderne et, pour l'établir, on a malheureusement construit une espèce de tambour qui cache à l'intérieur le joli petit oculus de la façade du nord.

A l'est du sanctuaire et sur une plate-forme saillante du rocher s'élève un charmant petit édifice qui sert de sacristie. Là était jadis l'oratoire du chevalier Buhard. Cette partie possède une voûte de pierre en berceau ogival orné de trois arcs en saillie.

Dans un angle est fixé un cul-de-lampe sculpté, servant probablement autrefois de piédestal à une statue. Une porte élégante en style prismatique met cette chapelle en communication avec l'église.

Ce devait être là dans le principe tout l'édifice; mais on ne tarda pas à reconnaitre que son enceinte serait insuffisante ; aussi se hâta-t-on d'y joindre une autre nef en retour d'équerre. Cette seconde nef, un peu moins longue que la première, communique avec elle par une grande et belle arcade ogivale pratiquée dans le mur opposé au rocher. Tout le lambris de ses combles en bois est orné de bandes de peinture fleurdelisées. A chaque intersection de ses bandes est l'écusson de France placé au milieu de quatre lobes.

Cette nef, par position, s'avance dans le terre-plein de l'île. Pour mettre son sol de niveau avec celui de la première grimpée sur le flanc de la roche, on a fait un plancher au tiers de sa hauteur, et le vide existant sous ce plancher forme une belle salle pour le presbytère actuel.

Deux escaliers de pierre donnent accès à l'église. Le premier, du côté du nord et devant la façade principale, se dédouble pour gagner extérieurement la tribune où est l'ancien chœur.

Au bas et en avant, un charmant pignon avec fenêtres ornementées, forme à cette façade une gracieuse annexe. Il montre à gauche une petite niche avec sa vierge.

Plus loin s'ouvre la porte principale à double arceau en

ÉGLISE DE BÉHUARD (INTÉRIEUR)

D'après une photographie de M. Yvan de la Fleuriaye, membre de la Société
Photographique de Nantes

retrait d'ogive surmontée d'une archivolte. Au-dessus, à mi-hauteur du pignon et faisant symétrie à la porte du chœur, est une double fenêtre aveugle également couronnée par une archivolte. A la naissance du narthex et au milieu de la façade se trouve une rose ou *oculus* à meneaux flamboyants, et, au sommet du pignon, l'écusson de France en saillie.

Dès l'entrée de l'église on rencontre les fonts baptismaux du xve siècle avec piscine en contrefort. Plus loin, un petit escalier en pierre d'ardoise conduit à la tribune. Là, comme nous l'avons dit, se trouvent des stalles fort curieuses. Les miséricordes surtout sont très finement sculptées et portent chacune un sujet différent. Une piscine avec encadrement ogival surmonté d'une archivolte annonce qu'il y avait là autrefois un autel. La tribune est éclairée par deux fenêtres, l'une sans valeur et rapportée après coup, l'autre fort gracieuse.

Au fond de la nef, vis-à-vis l'entrée principale s'élève l'autel, œuvre moderne en style du xve siècle. C'est là, dans une niche en forme d'exposition, un peu en arrière du tabernacle, que repose la statue antique de Notre-Dame Angevine.

Derrière l'autel, le pignon est enrichi d'une fenêtre magnifique, partagée par deux meneaux en trois compartiments. Le vide en est rempli en grande partie par des vitraux votifs. Dans le panneau de gauche figure saint Jean-Baptiste, présentant à la Sainte Vierge un seigneur à genoux : à même hauteur, dans celui du milieu, l'écusson de France ; à droite, sainte Catherine offre à la Sainte Vierge une châtelaine également à genoux. Dans le compartiment supérieur, divisé pareillement en trois panneaux, on voit à gauche des armoiries portant *de gueules à la croix d'argent tréflée d'hermines* ; au milieu un emblème de la Sainte Trinité avec la colombe traditionnelle presquè invisible au-dessus de la tête du Christ ; à droite, des armes *parties d'argent au lion d'azur chargé sur l'épaule d'une fleur de lis d'or.*

On a cru y reconnaître les portraits d'Hardouin de La Haie-Joulain et de Jeanne de Vendôme. Malgré les indications du blason, il paraît plus probable que le portrait de la châtelaine est celui de Catherine, femme de Thibault de Beaumont, dame du Plessis-Macé.

Le compartiment inférieur est moderne et représente, à gauche, la bienheureuse Jeanne de Valois, fille de Louis XI, expliquant la règle aux Religieuses Annonciades de Bourges, dont elle avait fondé l'ordre ; au milieu, un vitrail de remplissage et à droite saint Louis, captif en Égypte, repoussant la couronne que lui présentent ses vainqueurs fascinés par l'éclat de son courage et de sa vertu.

La seconde nef possède également une riche fenêtre divisée comme la précédente en trois parties, par des meneaux qui s'étalent à la hauteur de l'ogive en branches flamboyantes, renfermant trois fleurs de lis formées par les découpures de la pierre. Les vitraux représentent agenouillés Louis XI et Charles VIII ; plus haut, la Vierge et saint Jean au pied de la croix ; au bas, un moine et un chanoine. Entre les deux, dans le panneau du milieu, un petit sujet à deux personnages désignés sous les noms de saint Nicolas et de Frère Pierre Nicolas. Ceci pourrait très bien être un souvenir du Frère Pierre Cornilleau, célérier de l'abbaye de Saint-Nicolas. C'est avec lui que Louis XI avait traité pour la cession de l'île et de la chapelle de Béhuard en échange de la dime de Félines, paroisse de Chenehutte.

Dans le même vitrail, entre Louis XI et Charles VIII se voit une figure allégorique dont jusqu'à présent nous n'avons pu découvrir le sens.

Parmi les objets qui forment la richesse de l'église de

Notre-Dame de Béhuard, se place avant toute autre l'image de la Sainte Vierge, vénérée sur ce rocher depuis des siècles.

C'est une statuette d'environ trente centimètres de hauteur, en bois de prunier. La Vierge Mère y est assise, tenant sur ses genoux l'enfant Jésus. Comme objet d'art, elle n'a pas beaucoup de valeur. C'est ce qui explique peut-être le mauvais goût qu'on a eu autrefois de l'ornementer et de la dorer. On la couvre habituellement d'un petit manteau précieux comme les madones d'Italie.

Dans la nef du sud est attaché à la muraille, au-dessus de la fameuse inscription historique, un curieux portrait de Louis XI, donné par Charles VIII.

En face de l'escalier de la tribune est fixé, au niveau du sol, un tronc antique formé d'une souche de chêne écorcée et consolidé par des cercles de fer.

Tout à côté sont suspendues des chaines de captifs. Selon une tradition assez bien établie, ils auraient dû leur délivrance à l'intervention de Notre-Dame de Béhuard, qu'ils avaient invoquée pendant qu'ils gémissaient sous l'oppression musulmane en Afrique. Tous les tableaux appendus aux murs de la chapelle paraissent être votifs. On remarque : 1° Celui où saint Bernard présente à la Vierge sa famille religieuse. Un jet de lait partant du sein de Marie se dirige vers les lèvres de l'illustre docteur. Sur la bande blanche qu'il forme sont écrits ces mots : *Memento congregationis nostræ* ; 2° on y voit encore quatre bonnes petites toiles représentant la Nativité de Notre Seigneur, l'adoration des mages, le repas chez Zachée, et l'institution de l'Eucharistie ; 3° une sainte Geneviève et un saint Nicolas, de Mercier.

La sacristie conserve : 1° un calice d'argent doré du xvᵉ siècle avec nœud fleuronné et cabochons fleurdelisés ; 2° deux instruments de paix faits au repoussé, dont une *pieta* remarquable du xviiᵉ siècle ; 3° deux encensoirs en

cuivre fondu, dont les découpures accusent la fin du xv°
siècle ; 4° une statuette de Notre-Dame en vermeil montée
sur piédestaux à six pans, en cuivre argenté et orné d'un
diadème surmonté de cinq perles. Elle porte le Sauveur
sur l'un de ses bras et de l'autre main tient une palme ou
un sceptre. Cette partie a été perdue ; 5° un bénitier por-
tatif en bronze du xv° siècle ; 6° une belle croix de procession
en argent doré, à nœud fleuronné et cabochons ornés
alternativement de plantes et de fleurs de lis ; 7° enfin, la
chape magnifique dont nous avons déjà parlé.

Ses orfrais représentent en six médaillons les principaux
traits de l'histoire de saint Jean-Baptiste, et le chaperon,
la scène de la décollation. L'agrafe est écussonnée de
gueules et d'or, et l'écusson surmonté d'une crosse abba-
tiale.

Il y a vingt ans, le sanctuaire de Notre-Dame de Béhuard
s'est enrichi de précieuses reliques de la Sainte Vierge. Ce
trésor, délivré à Rome par Mgr l'Éminentissime Custode est
pourvu de tous les titres nécessaires à sa parfaite authen-
ticité.

Ce sera un attrait de plus pour les pieux fidèles et, nous
n'en doutons pas, une nouvelle source de bénédictions
pour l'île de Béhuard et pour le pays.

Indication des sources où l'on a puisé pour la composition de ce travail.

Notre-Dame Angevine, de Joseph Grandet.

Le Mont Glonne, de Claude Robin.

Dom Laurent Lepeltier, *Res scitu dignissimæ*.

Dom Housseau, *Documents sur l'Anjou*.

Dom Huynes, *Histoire de Saint-Florent*.

Bodin, *Recherches historiques*.

Philippe de Commines, *Mémoires*.

M. Quicherat, *Revue de l'Anjou*.

Archives départementales de Maine-et-Loire.

Semaine Religieuse du diocèse, de 1873 à 1893.

Vieux registres de Béhuard, à la mairie.

TABLE DES MATIÈRES

GRAVURES

Angers, imp. Germain et G. Grassin. — 1220-93.